AF261581

# DE LA RÉGENCE

## D'ALGER.

PARIS, IMP. DE BÉTHUNE, BELIN ET PLON,
rue de Vaugirard, n. 36.

# DE LA RÉGENCE D'ALGER.

## SOLUTION DE CES QUESTIONS :

DOIT-ON CONSERVER CETTE RÉGENCE ?

PEUT-ON LA COLONISER ?

COMMENT ?

### PAR M. J.-B. FLANDIN,

SOUS-INTENDANT MILITAIRE.

Pour moi qui, comme vous le savez, me mêle quelquefois de réfléchir sur nos intérêts généraux, j'ai soumis à l'examen de ma faible raison, dès les premiers jours de mon arrivée ici, la question de savoir si le gouvernement doit posséder pour son compte et administrer à ses frais la régence d'Alger, et je n'ai pas hésité à la résoudre négativement. (*Rapport fait par l'auteur de cet écrit à M. le ministre de la guerre, le 10 octobre 1830.*)

## PARIS.

ANSELIN, LIBRAIRE, RUE DAUPHINE, N° 36.

FERET, LIBRAIRE, AU PALAIS-ROYAL, GALERIE DE NEMOURS.

1834.

# DE LA RÉGENCE

# D'ALGER.

Depuis que la France de 1830, la France antérieure à la révolution de juillet, a fait la conquête de la régence d'Alger, une grande question a été agitée : c'est celle de savoir si nous conserverons cette conquête, si nous ferons de cette partie de l'Afrique une colonie française ; et cette question en a soulevé d'autres non moins graves, non moins difficiles à résoudre, qui sont celles-ci :

Si nous conservons la conquête que la branche aînée des Bourbons a léguée au gouvernement de la branche cadette ; si cette conquête doit devenir une colonie française, la colonisation aura-t-elle lieu par les soins directs et aux frais du gouvernement ? ou bien laissera-t-on à la spéculation, à l'industrie, le soin de la consommer d'après un système, d'après des règles et à des conditions que le gouvernement leur imposerait ? et, dans ce cas, se confiera-t-on, pour cette grande œuvre, à un nombre indéfini de spéculateurs, d'industriels ? ou bien le gouvernement en chargera-t-il une compagnie unique ?

Dans le cas où le gouvernement s'arrêterait à ce dernier parti, cette compagnie unique sera-t-elle purement et exclusivement française?

Ou bien convient-il mieux qu'elle soit formée de capitalistes et de spéculateurs de toutes les principales places de l'Europe, et qu'elle soit reconnue par les divers États sous le titre de *Compagnie européenne,* et, comme telle, déclarée, par convention entre les puissances, colonie neutre, relevant de la France, qui en demeurerait suzeraine?

Il n'est aucune de ces questions qui ne découle nécessairement et naturellement de la première, de celle qui consiste à savoir si le gouvernement né de la révolution de juillet conservera la conquête faite par celui auquel il a succédé.

Or, la prudence est ici d'accord avec les convenances gouvernementales, et avec l'intérêt politique et matériel du pays, pour résoudre affirmativement cette question.

Ainsi noús conserverons la régence d'Alger; nous en disposerons comme d'une propriété appartenant à la France : c'est chose convenue, arrêtée entre le pays et le gouvernement.

Reste maintenant l'examen des questions subsidiaires que je viens de poser.

Dans un premier écrit que j'ai publié en 1833, immédiatement après que M. le maréchal Clausel eut fait à M. le président du conseil des interpellations auxquelles il sembla attacher une importance assez mal justifiée par leur résultat, et surtout par la déclaration de ce maréchal qui a suivi les réponses prudentes et réservées du ministre; dans cet écrit, que je viens de faire distribuer aux chambres, j'ai essayé un premier examen des questions que je viens de poser. L'opinion que j'y ai émise a eu, comme toutes celles que l'on émet sur des questions d'un grand intérêt, ses approbateurs et ses contradicteurs. Les premiers se sont trouvés dans les rangs des hommes qui se font un devoir de réfléchir sur les affaires publiques, et qui les voient, qui les apprécient abstraction de tout intérêt personnel, existant ou éventuel.

Les contradicteurs sont de trois classes :

Dans la première, je range les individus qui ont réalisé, à titre gratuit ou faiblement onéreux, de grandes spéculations territoriales, spéculations qui centupleraient de valeur le jour où le gouvernement ferait déclarer par une loi, non-seulement qu'il entend conserver la régence d'Alger, mais encore entreprendre lui-même sa colonisation.

Dans la seconde classe viennent se ranger les hommes qui, étrangers, au moins quant à présent, à toute idée de spéculation, pensent de bonne foi que le système qui serait proclamé par cette loi est ce qui convient le mieux à la France.

La troisième classe se compose des hommes mus par leurs seules passions politiques, par des passions qui, bien qu'opposées dans leurs désirs, dans le but qu'elles se proposent, n'en mettent pas moins ceux qu'elles animent d'accord pour formuler une accusation contre le gouvernement, s'il déclarait vouloir renoncer, directement ou indirectement, d'une manière absolue ou conditionnelle, à la possession de la régence d'Alger, ou seulement en faire lui-même la colonisation.

Il n'entre pas dans mon sujet de décliner des noms, de dire que tels et tels appartiennent à la première de ces trois classes des contradicteurs de l'opinion que j'ai émise dans l'écrit dont je viens de parler ; tels autres à la deuxième ; tels autres enfin à la troisième : ce serait une précaution surabondante, en ce qui concerne les hommes appartenant à la première des catégories établies, lesquels sont à la fois et les plus riches possesseurs, les plus chauds partisans du système de colonisation par le gouvernement *quand même*, les plus influents dans certains conseils, dans certaines commissions, et les plus ardents contradicteurs du système contraire : il faut laisser quelque chose à deviner au lecteur, et je ne crois pas que mon silence sur ce point embarrasse beaucoup sa sagacité.

Cependant, comme l'écrit dont je rappelle la publication en a provoqué dans lesquels l'opinion que j'ai émise sur la grande question de conservation et de colonisation de la régence d'Alger a été attaquée en termes plus violents que justes, je dirai, sans aucune précaution oratoire, que l'écrivain qui a le plus vivement controversé cette opinion, c'est M. Barachin, dans l'un de ses écrits.

D'abord, je n'avais pas jugé nécessaire de répondre à son écrit, qui avait son degré d'utilité, puisqu'il provoquait la réflexion des hommes appelés à examiner la grande question qui y est traitée, et pouvait donner naissance à une utile controverse.

Mais dans un article de l'un de ses numéros, où il est question de la colonisation de la régence d'Alger, la *Gazette de France* a semblé me faire un reproche d'avoir, dans l'opuscule où j'ai examiné cette grave question (1), conseillé de remettre cette régence à une *compagnie européenne* qui la coloniserait; et, comme je viens de le dire, un reproche direct et plus acerbe m'avait déjà, pour le même motif, été adressé par M. Barachin.

Selon M. Barachin, il y a de l'*anti-nationalité* dans le conseil de remettre à une compagnie européenne le soin de coloniser la régence d'Alger.

Le reproche serait fondé si j'avais dit que la cession de cette régence devait être pure et simple; il est injuste et

---

(1) Celui que j'ai fait distribuer aux deux chambres.

déraisonnable si j'ai, au contraire, soumis la cession de la régence d'Alger à une condition qui conserve à la France son droit de suzeraineté, et à la colonie d'Alger un certain caractère de nationalité française. Or, cette condition et ce caractère sont nécessairement renfermés dans l'obligation où la compagnie européenne serait de payer à la France une redevance annuelle garantie hypothécairement. Dès lors que devient le reproche? Que penser, pour ce cas, de la bonne foi de l'écrivain, qui ne me l'adresserait pas, j'aime à le croire, s'il était moins préoccupé de son système de colonisation purement gouvernementale.

J'ai dit, et je répète, que le seul moyen de coloniser cette vaste contrée appelée *la régence d'Alger*, c'est-à-dire, d'y importer notre civilisation, nos connaissances agricoles et industrielles, une partie de nos mœurs, une administration régulière, et de faire tout cela avec sécurité pour les intérêts français, dans le cas d'une guerre entre la France et quelques puissances maritimes, c'était de céder cette conquête, toujours prête à nous échapper, et qui nous coûte si cher, à une compagnie européenne qui reconnaîtrait la suzeraineté de la France, et lui paierait un tribut ou une redevance proportionnelle avec la valeur de la chose cédée.

Il me semble qu'il faut avoir la fibre nationale bien irritable pour voir dans ce système une anti-nationalité. Quant à moi, qui ne suis pas autant que M. Barachin persuadé de l'efficacité de nos moyens de gouvernement, quels qu'ils fussent, pour un système de colonisation exclusivement national de la régence d'Alger, je veux dire de l'efficacité d'un système qui aurait pour résultat de faire de cette partie de l'Afrique une colonie toute française ; moi, qui ne pense pas qu'avec ce système exclusif nous puissions rester tranquilles possesseurs de cette colonie, lorsqu'une guerre avec l'Angleterre, ou même avec la Russie, qui s'établit si menaçante dans l'Orient et sur la Méditerranée , viendrait à éclater; moi, qui ne partage pas la sécurité, apparente ou réelle, raisonnable ou jactancieuse, de certains esprits sur ce point important ; quant à moi, dis-je, mon opinion est que le seul moyen de faire de la régence d'Alger une colonie qui dure assez pour que la civilisation européenne ait le temps d'y pénétrer , de s'y établir , une colonie qui soit profitable à la France, honorable pour son gouvernement, et utile aux indigènes, comme à toutes les nations industrielles et commerciales, c'est de sacrifier une portion de cet amour-propre , ou, si l'on veut, de cet intérêt national dont M. Barachin me reproche de proposer l'aliénation , pour conserver l'autre à tout jamais ; et ma raison pour penser ainsi, c'est que, n'en déplaise aux optimistes de notre alliance actuelle avec l'Angleterre, à ces hommes qui pensent qu'elle durera long-temps, qu'elle durera toujours; c'est que, dis-je, cette alliance n'est aujourd'hui qu'une alliance de convenance réciproque entre les deux parties , un épisode qui durera aussi long-temps que l'Angleterre y trouvera son avantage, aussi long-temps qu'elle y verra une prime d'assurance pour certaines combinaisons politiques, aussi long-temps que nous ne ferons rien, que nous n'entreprendrons rien, que nous ne demanderons rien, même en dehors de ses intérêts matériels d'aujourd'hui, qui puisse effaroucher sa politique ombrageuse, contrarier son exclusive ambition. Or, une alliance pareille est un traité léonin, un acte de violence exercé sur les nécessités d'une politique qui, dominée par une position que l'on a rendue grave, n'a pas peut-être bien compris d'abord et sa force et son droit, et les besoins réels du pays ; c'est-à-dire, une alliance qui ne donne aucune sécurité pour l'avenir , une alliance qui, n'étant cimentée pour nous, par la reconnaissance d'aucun droit, par l'adhésion à aucun système du recouvrement éventuel de certaines possessions, sera ou pourra être rompue aussitôt que l'intérêt de la France se trouvera, soit en Portugal, soit en Espagne, en Belgique, sur le Rhin, en Italie ou dans la Méditerranée, en conflit avec l'intérêt anglais. Car, s'il y a de nos jours, et pour long-temps encore, peut-être, une quasi identité de politique intérieure entre la France et l'Angleterre, cette identité n'existe pas, elle n'existera jamais à l'égard des intérêts matériels ou de politique extérieure des deux pays. Donc il faut s'attendre que, un peu plus tôt ou un peu plus tard, il y aura guerre entre la France et l'Angleterre, et une guerre d'autant plus dangereuse sous le rapport maritime, que cette puissance serait entrée, contre nous, dans une guerre continentale. Alors, je le demande à M. Barachin, je le demande à tous les hommes que la conquête d'Alger n'aveugle pas sur les conséquences d'une occupation purement militaire, que deviendrait la colonie française en Afrique? Quels moyens aurions-nous d'y augmenter nos forces, de combattre les attaques du dehors et les résistances de l'intérieur, provoquées, soudoyées, armées, accrues, dirigées par l'or et par les agents anglo-russes? Quels moyens aurions-nous de faire arriver chez nous les produits du sol africain, de ravitailler cette colonie?

Ah! j'aurais toute confiance dans notre alliance avec l'Angleterre si, indépendamment de l'identité de principes de politique intérieure et de gouvernement qui semble à certains esprits lui promettre une longue durée, il existait entre la France et cette puissance un traité qui nous aurait garanti la paisible et durable possession de notre conquête d'Afrique, et par lequel elle aurait consenti éventuellement, en échange de ce que nous avons fait pour elle en Belgique, de ce que nous tolérerons, sans aucun doute, qu'elle fasse partout où sa politique et ses intérêts matériels lui commanderont d'agir, à certaine conquête que, tôt ou tard, il faudra bien que nous fassions sur le Rhin, pour rentrer dans la ligne de défense dont la violence des traités imposés à la faiblesse des contractans nous a dépouillés. Mais ce traité existe-t-il ? Tout prouve le contraire, et que l'Angleterre, si mal disposée pour notre conquête d'Alger, ne permettra jamais que nous rentrions sur le Rhin dans les limites que nous avions avant les honteux traités de 1815.

La question reste donc tout entière, et l'opinion publique, comme celle du gouvernement, doivent choisir entre le système absolu d'une colonisation purement française, et le système mixte d'une colonisation par le moyen d'une compagnie européenne, à laquelle la France, qui, encore aujourd'hui, possède comme souveraine, mais à peu près nominalement, la régence d'Alger, remettrait, contre une redevance annuelle, la colonisation de cette régence, sur laquelle elle conserverait ainsi un droit de suzeraineté ; condition qui, formellement établie dans mon écrit, aurait dû suffire pour me garantir du reproche d'anti-nationalité que M. Barachin a formulé contre moi, et qui se trouve à peu près reproduit dans cette conclusion de l'article de la Gazette : « Cette compagnie (la compagnie européenne) serait bien certainement une compagnie anglaise ; » conclusion qui ne résulte nullement de mes prémisses ; car je veux que la France conserve un droit de suzeraineté sur la compagnie européenne à laquelle la régence d'Alger serait remise. Or, cette condition est répulsive d'une compagnie purement anglaise.

Si le premier système, celui d'une colonisation purement française, devait l'emporter sur celui que j'ai proposé, je n'hésite pas à dire avec M. Barachin, ou plutôt à répéter (car je l'ai dit positivement dans l'écrit qui a encouru sa disgrâce), que le régime militaire n'est propre qu'à nous aliéner les populations que nous voulons soumettre à notre joug, à nos lois, à nos mœurs ; qu'il faut introduire dans le pays, au milieu de ces populations, un système de conciliation, de persuasion, de civilisation douce et graduée, entièrement fondé sur les intérêts matériels, religieux et sociaux des régnicoles ; système qui ne sortira jamais du régime militaire, quel que fût l'officier général qui reçût l'investiture du gouvernement d'Afrique, et que comprendra seule une administration dont les intérêts matériels seront identiques avec ceux des peuples auxquels on veut, on a besoin de l'imposer.

Ceci posé, il reste à examiner les moyens qui doivent être employés pour arriver à ce résultat. Mais ce n'est pas une petite affaire ; ce n'est pas chose sur laquelle on puisse se décider sur la parole d'un homme, quels que soient ses antécédents, et offrît-il sa tête, comme le fait M. Barachin, en garantie de la bonté de son système et du succès des moyens qu'il propose. Quelque précieuse que soit cette sorte de garantie pour celui qui l'offre, quelque grande qu'elle soit pour le gouvernement à qui elle est offerte, elle ne garantit cependant qu'une chose : la conviction du premier, sa confiance dans l'expérience qu'il a faite du pays sur lequel il écrit, du caractère de sa population, des dispositions de celle-ci à se soumettre, sous les conditions établies, à la domination de la France. Il faut applaudir au zèle, au dévoûment, sans doute extrêmes, de M. Barachin ; on peut croire, d'après tout ce qui s'est passé, d'après notre situation rétrograde en Afrique, malgré tant et de si grands sacrifices en hommes et en argent, on peut croire que tout ce que dit cet écrivain des crimes, des fautes commises, est vrai, au moins en partie ; mais il ne faut pas admettre sur parole, et à peu près aveuglément, ce système de colonisation purement et exclusivement français qu'il veut imposer au gouvernement. Il faut prier M. Barachin de terminer et de remettre au gouvernement le travail, sans doute très-important ( en le jugeant d'après le texte des quatre divisions qu'il en donne ), dont il s'est occupé, afin qu'il puisse l'examiner d'abord, et le communiquer ensuite à la commission législative qu'il chargera d'étudier la grave question de colonisation qui est soulevée, et qui appelle les méditations de tous les hommes ayant connu plus ou moins le pays que l'on veut coloniser.

Mais le travail de M. Barachin fût-il concluant, posât-il les bases du meilleur mode d'administration possible pour la colonie d'Afrique, ce qui n'est pas encore suffisamment démontré ; donnât-il l'assurance qu'en administrant comme il pense et croit prouver qu'on doit le faire, on attirera la confiance des indigènes et celle de tous les régnicoles, on s'assurerait de leur fidélité, on arriverait promptement à confondre leurs intérêts avec ceux de la France, et que leur soumission serait complète et durable ; le travail de M. Barachin donnât-il toutes ces convictions, il restera toujours contre son système le cas éventuel, et moins éloigné qu'on ne le pense peut-être, d'une guerre soit avec l'Angleterre seule, soit avec elle et une autre puissance maritime ; car une vérité qui doit frapper les esprits les plus prévenus en faveur du système de conservation de la régence d'Alger par la France, et de colonisation exclusive par elle, c'est qu'il ne peut convenir ni à l'Angleterre ni à la Russie que la France forme des établissements durables et importants dans la Méditerranée. Or, dans le cas de guerre, l'or et les intrigues de ces deux puissances seront, ainsi que je l'ai déjà dit, prodigués pour soulever les populations africaines contre nous, et leurs forces employées pour nous empêcher de jeter en Afrique les moyens de conservation qui nous seraient alors devenus si nécessaires : la conséquence est facile à prévoir.

Je sais bien, et je l'ai dit, que cette jalousie de ces deux puissances n'est pas une raison pour la France de renoncer à former des établissements maritimes dans ce vaste bassin où l'appellent les intérêts de son commerce et ceux de sa politique extérieure; mais ce n'est pas en Afrique qu'elle peut les former. La régence d'Alger ne lui en offre aucun moyen, et je l'ai dit également. J'ai dit aussi le lieu où la France pourrait, par voie d'échange, fonder des établissements utiles pour sa marine et protecteurs de tous ses interêts dans le Levant et de l'indépendance menacée de la Turquie, de la Grèce et d'autres pays plus rapprochés de nous (1).

J'ai à répondre à un autre reproche que me fait M. Barachin. Je veux, dit-il, l'occupation de Constantine. Oui, je la veux; mais je la veux tout autrement que ne la veulent les hommes qui ne voient que dans un grand déploiement de forces les moyens de l'effectuer; je la veux par des moyens de conciliation ; je la veux graduellement; je la veux par les moyens qu'emploierait la compagnie européenne dont j'appelle de mes vœux la formation. Mais, examinant la question d'une conquête toute militaire, immédiate et violente de cette province, à laquelle on semble vouloir préparer l'opinion et provoquer le gouvernement, examinant cette question, j'ai dit que l'on tomberait dans une erreur fatale si l'on pensait qu'avec une expédition de dix mille hommes on en ferait la conquête, on la conserverait; et, raisonnant sur l'espèce, j'ai dit quelle force nouvelle il faudrait jeter en Afrique pour arriver à ce double résultat, lequel cependant ne nous placerait, à l'égard de cette même province, si riche, si belle, si peuplée, si bien défendue, que dans une position analogue à celle où nous sommes à Alger, à Bone, à Oran, à Bougie, c'est-à-dire, qu'elle nous donnerait des murs de plus sans accroître notre influence sur le pays et sur les indigènes, tout en doublant nos sacrifices de tous genres; de telle sorte que si, aujourd'hui, l'Afrique nous coûte par an vingt

---

(1) Voir mon premier écrit.

millions et six mille hommes, elle nous coûtera, lorsque nous aurons fait la conquête du beylik de Constantine, c'est-à-dire, de la ville de ce nom, et une lieue autour, au-delà de trente millions et de dix mille hommes.

On a dit encore dans l'article qui me provoque à écrire ces explications que : « M. le maréchal Clauzel a fait de son côté une contre-enquête (1) où il conclut d'une manière défavorable ; » ce qui veut dire que M. le maréchal Clauzel aurait fait un plein divorce avec l'opinion qu'il a si souvent émise en faveur de la colonisation par les soins du gouvernement.

J'hésite à donner à cette partie de l'article une interprétation qui rangerait à mon avis une opinion dans laquelle tant d'intérêts excités par notre occupation d'Alger voient une autorité.

La conquête d'Alger fut sans doute un acte qui honora beaucoup le précédent gouvernement, mais cette conquête, *dernier legs de la restauration à la France* (2), est un de ces héritages que, dans l'ordre politique comme dans l'ordre matériel, on ne doit accepter que sous bénéfice d'inventaire.

Je persiste donc dans l'opinion que j'ai émise sur la grave question de colonisation de la régence d'Alger, c'est-à-dire que je persiste à dire que le seul moyen de coloniser, de civiliser la régence d'Alger, c'est de céder cette régence à une compagnie européenne aux conditions que j'ai établies : L'avenir dira qui eut raison des controversistes ou de moi.

Mais cette opinion, la proposition qui en ressort, demandent, je le sais, à être développées ; et, dès la publication de mon premier écrit, le reproche de ne l'avoir pas fait m'a été

---

(1) Par opposition à celle que le gouvernement a confiée à la commission qui s'est rendue à Alger.

(2) Expression de la *Gazette de France*.

adressé par des hommes qui sont haut placés dans l'administration.

Ma réponse a été toute simple; la voici :

Que le gouvernement admette d'abord le principe , alors
les développements ne se feront pas attendre , et d'autres
encore que moi, de grands spéculateurs de la France et de
l'étranger s'empresseront de présenter des projets dans lesquels on trouvera tous les développements qui doivent ren-
dre facile l'adoption de cette grande mesure, de cet acte important qui serait l'heureuse solution de ce problème que le
pays désire enfin voir résoudre :

Trouver le moyen de conserver la régence d'Alger, de la
coloniser, en exemptant le pays des charges de la possession
de la colonisation, en lui en réservant les avantages possibles
et relatifs.

En attendant , et pour satisfaire autant que je le puis
à ce désir de développement qui m'a été manifesté, pour
remplir la lacune que l'on a trouvée dans ma proposition,
je vais rassembler ici les idées que j'ai sur les moyens à em-
ployer pour préparer l'exécution de la mesure que je propose
et pour arriver à son entière consommation.

La première chose qui est à faire, c'est d'ouvrir de suite
avec tous les états de premier ordre dont le concours est nécessaire une négociation tendant à faire admettre et consa-
crer les principes suivants :

1º La régence d'Alger sera cédée par la France, à titre
onéreux, à une *compagnie européenne* qui la possédera, la
colonisera, la civilisera, aux conditions qui seront établies
dans le traité de cession, et comme relevant de la France,
qui conservera sur cette régence son droit de suzeraineté.

2º La régence d'Alger, ainsi cédée à une compagnie dont
les titulaires seront des capitalistes sujets ou citoyens des dif-
férents états de l'Europe, serait déclarée et reconnue par tous

les gouvernements, et à toujours, colonie neutre, et, comme telle, respectée, protégée par tous, en temps de paix comme en temps de guerre ; de telle sorte que ses possesseurs n'eussent jamais à craindre aucune agression extérieure, ni que des secours en hommes, en armes, en munitions, en argent, fussent donnés contre eux aux populations désormais confiées à leur administration, et auxquelles ils s'imposent la tâche pénible, difficile, mais honorable, mais si nécessaire aux intérêts européens, de procurer le bienfait de la civilisation, en faisant pénétrer dans leur sein les connaissances agricoles et industrielles dont ces populations sont privées.

3° Comme cette compagnie européenne ne pourrait pas improviser les moyens de résistance à l'insoumission qu'elle devra entretenir dans le pays, la France tiendra à sa disposition, pendant un temps convenu, telle force militaire et le nombre de bâtiments de guerre qui seront réglés par le traité de cession.

4° Ce traité fixera le quantum de la redevance annuelle que la compagnie cessionnaire devra payer à la France, et l'époque à laquelle cette redevance commencera à être due ; car il serait peu raisonnable de l'exiger dès le premier temps de la prise de possession de la régence par cette compagnie. Le même traité réglera en outre les époques du remboursement des dépenses que la France aura faites pour l'entretien de cette force militaire et maritime. Des garanties matérielles seront réalisées à cette fin, indépendamment de l'hypothèque légale, et toujours subsistante, que la France conservera sur le territoire d'Alger.

5° La compagnie européenne exercera sur la régence d'Alger, sauf le droit de suzeraineté de la France, un pouvoir souverain, c'est-à-dire qu'à elle seule appartiendra le droit de faire les lois et réglements d'après lesquels le pays devra être gouverné, administré. Toutefois, ces lois, ces réglements, devront être rédigés de manière à ne présenter rien d'hostile, de contraire, ni même d'antipathique avec la législation commerciale et industrielle, non plus qu'avec le droit des gens des états européens dont cette compagnie ne sera, en quelque sorte, qu'une émanation.

6° Indépendamment des agents diplomatiques que tous les gouvernements auront le droit d'entretenir près du gouvernement de la régence d'Alger, devenue *colonie européenne,* la France pourra, si elle le juge convenable, avoir près de ce gouvernement un délégué, dont le titre et le caractère seront ultérieurement déterminés.

7° Les navires de tous les états qui auront concouru efficacement à la formation de la compagnie européenne par adhésion ou par agrégation seront reçus dans les ports de la régence au même titre, et paieront des droits identiques d'importation et d'exportation.

La navigation et le commerce des états qui auront été étrangers à la formation de cette compagnie pourront être soumis à des conditions particulières, à des tarifs spéciaux.

8° Le traité de cession réglera à l'avance les époques auxquelles la compagnie européenne devra commencer à effectuer les migrations ou introductions des colons qui doivent être appelés, réunis sur le territoire de la régence d'Alger, ainsi que le nombre de ces colons pour chacun des territoires aujourd'hui possédés par la France, que celle-ci remettra à cette compagnie, et l'accroissement successif de ce nombre, dont l'importance, bien plus que l'emploi de la force militaire, devra, pourra, concurremment avec une bonne administration, réaliser promptement et avec toute garantie de durée, le problème d'une constante possession, de la civilisation, de la colonisation de cette partie de l'Afrique. Des garanties seront stipulées pour que les colons, les cultivateurs et artisans, et tous individus que la compagnie européenne appellerait ou qu'elle ferait arriver sur le territoire de la régence d'Alger, y trouvassent en arrivant tout ce qui est nécessaire à leur établissement, à leurs besoins, à leur conservation tant en santé qu'en maladie, et tous les moyens de se livrer aux travaux d'agriculture et industriels que chacun d'eux viendrait y exercer.

9° Le traité de cession ne transmettrait à la compagnie européenne que les propriétés et territoires que la France a acquis elle-même sur le territoire algérien par le fait de la conquête, et tels qu'ils sont définis par la capitulation du 3 juillet 1830, ou que cela résulte de ses termes ; laquelle capitulation eut dû et doit faire la loi des parties.

Quant aux propriétés qui appartiennent à des individus turcs, maures ou autres, qui ont fui la domination française, la compagnie européeune leur ferait sommation d'avoir à rentrer dans le pays dans le délai de six mois ou d'un an, leur déclarant que s'ils persistent à vouloir rester dans l'état d'émigration où ils se sont volontairement placés, le gouvernement de la compagnie européenne prendra possession légale de leurs dites propriétés, en leur en payant le prix, qui, dans ce cas, aura été réglé par une estimation préalable.

10° Quant aux territoires qui n'ont pas de propriétaires légitimes, qui sont possédés par abus, soit par des particuliers, soit par des tribus, et qui, d'après la loi commune à tous les pays civilisés, appartiennent à l'état, ils rentrent de droit dans la catégorie des possessions et domaines qui sont la propriété de la France, et, conséquemment, celle de la compagnie européenne, qui pourra les reprendre sur les possesseurs actuels, en employant les moyens de coaction et de conciliation qui seront jugés nécessaires et praticables.

Mais pour adoucir autant que cela sera possible la reprise des parties de territoire, des domaines et propriétés quelconques de cette origine, la compagnie européenne devra les concéder, de préférence à tous autres individus, et à des conditions douces et paternelles, à ceux qui les possèdent en ce moment, qui en jouissent ou les exploitent, en se réservant le droit administratif de diriger ces possesseurs, dèslors devenus légitimes, dans l'exploitation agricole ou industrielle desdits territoires et domaines.

Je bornerai là les développements que ma proposition appelle, et que l'on aurait désiré trouver dans mon premier écrit. Ils sont sans doute incomplets : j'y aurais probablement ajouté si je connaissais et le travail de la commission centrale qui a été chargée d'examiner le résultat de l'enquête faite par la commission spéciale envoyée en Afrique, et la partie du rapport sur le budget de la guerre dans laquelle la question algérienne est examinée et comme résolue, peut-être, par la commission dont M. Passy est l'organe.

Mais dans l'ignorance où je suis de l'opinion qui est ou qui sera émise par ces commissions, et des conclusions qu'elles présentent sur cette grave question, je ne peux me livrer à aucun examen, à aucune controverse de cette opinion, de ces conclusions, lesquelles, d'ailleurs, ne sont peut-être pas absolument répulsives de ma proposition, ou d'une proposition qui tendrait à faire cesser pour le gouvernement les embarras de l'occupation, de la colonisation *quand même*, et à décharger le pays des dépenses en argent et des pertes en hommes qu'elles occasionent.

Mais une autre question se présente :

Pourra-t-on former la *compagnie européenne* à laquelle je propose de céder la régence d'Alger ?

Je réponds :

On le pourra si la prise de possession offre des avantages, si la conservation est possible, s'il est possible de coloniser ce pays, de le civiliser.

On ne le pourra pas s'il n'y a que dangers, perte de capitaux, absence de garantie, de sûreté dans l'acquisition, la conservation, l'exploitation, l'administration et la civilisation de cette partie de l'Afrique ; et, dans ce cas, il faudrait se hâter de l'abandonner.

Or, une *compagnie européenne*, formée, organisée, constituée comme je l'ai dit, c'est-à-dire, l'intérêt personnel individualisé, centralisé dans une compagnie que les principales puissances de l'Europe prendraient sous leur protection, peut seule obtenir, réaliser les grands résultats que je présente comme la condition de l'affirmative sur la question par laquelle je termine cet écrit.

---

*Extrait d'un rapport que je fis à M. le ministre de la guerre le 10 octobre 1830, alors que j'étais à Alger rapporteur de la commission d'enquête chargée d'informer sur les accusations si graves qui étaient parvenues au gouvernement sur la prise de possession des trésors de la régence* (1).

. . . . . . . . . . . . . . . . . . . . . . . . . . . . . . . . . . .

Le gouvernement n'a donc aucun intérêt matériel à posséder par lui-même, à ses frais, périls et risques, le royaume d'Alger.

Mais il a un intérêt politique, un intérêt d'amour-propre, de convenance, à ne pas abandonner ce pays, à ne pas exposer ses habitants à retomber sous la verge, sous le joug oppresseur des Turcs.

Un moyen peut réaliser pour lui sa possession gratuite :

---

(1) Un rapport semblable a été fait le 25 septembre 1830 à M. Lafitte.

c'est de le céder, à titre onéreux, à une grande compagnie organisée à l'instar de la compagnie des Indes, laquelle entretiendrait à ses frais une flotte et une armée de terre capables l'une et l'autre de protéger elle et ses colons contre les attaques du dehors, et contre celle des Bédoins, des Cabyles, espèces barbares qui, pour la plupart, ne vivent que de pillage, et que l'on ne pourra soumettre que lentement, autant par l'influence d'une civilisation progressive, que par la force des armes ; toutes choses qu'une grande compagnie dirigera beaucoup mieux que ne le ferait une armée d'invasion et d'occupation, laquelle se présente toujours à la pensée des peuples qu'elle a la mission de soumettre, bien plus comme une ennemie qu'ils doivent combattre, que comme une amie qui vient leur apporter le bienfait de la civilisation.

www.ingramcontent.com/pod-product-compliance
Lightning Source LLC
Chambersburg PA
CBHW061607050726

47595CB00007B/2818